7 avril 1853.

CATALOGUE
DES
TABLEAUX ET DESSINS
MODERNES,
Composant le Cabinet de M. V. CLAUDE,
ET DES
Études, Dessins, Gravures, etc.,
Qui composaient son Atelier,

DONT LA VENTE AUX ENCHÈRES PUBLIQUES AURA LIEU,

Pour cause de décès,

Hôtel des Ventes Mobilières,

RUE DES JEUNEURS, N° 42,
Salle n. 1,

LES JEUDI 7 ET VENDREDI 8 AVRIL 1853,

heure de midi,

Par le ministère de M° **RIDEL**, Commissaire-Priseur,
rue Saint-Honoré, 335,

Assisté de M. **Francis PETIT**, Appréciateur,
boulevart Poissonnière, 24,

Chez lesquels se distribue le présent Catalogue.

EXPOSITION PUBLIQUE

Le Mercredi 6 Avril 1853, de midi à 5 heures.

PARIS
MAULDE & RENOU
IMPRIMEURS DE LA COMPAGNIE DES COMMISSAIRES-PRISEURS,
Rue de Rivoli prolongée.

1853

Exemplaire de Beurdeley père

CONDITIONS DE LA VENTE.

Les acquéreurs paieront, en sus des adjudications, 5 p. 100 applicables aux frais.

PREMIÈRE VACATION.

DÉSIGNATION
DES
TABLEAUX MODERNES

ANDRÉ (Jules).

1 — Paysage. Le Bûcheron.
2 —   Id.   Le Chasseur.
3 — Dessous de bois.
4 — La Mare.

BARD.

5 — Buveurs.

BESSON (Faustin).

6 — La Main chaude.
7 — Le Galant jardinier.

BONHEUR ROSA.

8 — Vaches dans une prairie.

BRISSOT.

9 — Vue prise dans la forêt de Fontainebleau.

CHARLET.

10 — Le grand père.
11 — L'Étude.
12 — Tête de vieillard.
13 — Hallebardier.

CICERI (Eug.)

14 — Paysages. Commencement d'orage.
15 — Forêt de Fontainebleau.
16 — Soleil couchant. Étude.
17 — Dessous de bois.
18 — Le Pont.
19 — Paysage.

COIGNET (Jules.)

20 — Paysage.

COIGNARD.

21 — Intérieur de forêt avec animaux. Étude.
32 — Combat de taureaux. Étude.
23 — Paysage. Étude.
24 — Paysage avec animaux. Deux tableaux faisant pendant.

COUDER (Aug.)

25 — Enfant jouant avec un papillon.

DARCY.

26 — Plage avec bateau.
27 — Cour de ferme.

DIAZ.

28 — Fleurs.

DUPRÉ (Jules).

29 — Ferme en Normandie.

DUVIEUX.

30 — Cour de cuisine.

DORCY (d'après).

31 — Jeunes filles. Deux têtes d'étude.

DUBOC (Ferdinand).

32 — Paysage, effet du soir.

FLERS.

33 — Paysage normand.

GUIGNET (Adrien).

34 — Paysage.

GUIGNET (attribué à).

35 — Paysage avec figures.

HOGUET.

36 — Vue de Suisse.

HUGGENS.

37 — Fleurs et éventail.

JACQUE.

38 — Basse-cour.
39 — Intérieur d'écurie avec cochons.
40 — Moulin.
41 — Étude.

JEANRON.

42 — Enfant jouant avec une chèvre.
43 — Le Sommeil.
44 — Jeune femme tenant des fleurs. Esquisse.
45 — Étude de femme.
46 — Femme couchée. Esquisse.
47 — Deux études de femme.
48 — Étude de jeune homme.

LARIVIÈRE.

49 — Tête d'enfant.

LEFORTIER.

50 — Paysage. Pêcheur.

LESSORE.

51 — Enfants jouant près d'une fontaine.

MARILHAT.

52 — Groupe de fleurs.
53 — Bords du Gardon.

           N° 22 du Catalogue de sa vente.

54 — Étude prise aux environs d'Avignon.

           N° 20 du Catalogue de sa vente.

MARILHAT (attribué à).

55 — Ferme en Normandie.

MASURE.

56 — Effet d'automne.

MILLET.

57 — Nymphe tourmentée par les amours.
58 — Femme portant son enfant.
59 — Le Repos.

MONGINOT.

60 — La rencontre au parc.

PLANSON.

61 — Nature morte.

ROUSSEAU (Théodore).

62 — Forêt de Fontainebleau.
63 — Paysage. Effet d'automne.
64 — Lisière de bois.

ROSSIGNON.

65 — La Vierge à la chaise. (Pastel de la dimension du tableau original.)

SWEBACH (Ed.)

66 — Un Cheval échappé.
67 — Le Retour de la chasse.

TROYON.

68 — Paysage.

TOUDOUZE.

69 — Paysage. Le Meunier, son Fils et l'Ane.

TABLEAUX ET ÉTUDES

Par M. V. CLAUDE.

---

70 — Enclos de ferme avec animaux.
71 — Paysage. Lisière de forêt.
72 — Habitation de bûcherons.
73 — Paysage d'Auvergne.
74 — Soleil couchant.
75 — Lisière de bois, effet du soir.
76 — Paysage. Canards effrayés par un chien.
77 — Route traversant un bois.
78 — Le Repos dans la forêt.
79 — Prairie coupée par une rivière.
80 — Soleil couchant. Étude.
81 — Paysage avec animaux.
82 — Paysage.
83 — Intérieur de bois.
84 — Quatre paysages. Vues diverses.
85 — Trois   —   —
86 — Cinq   —   —
87 — Cinq   —   —

88 — Six paysages. Vues diverses.
89 — Cinq   —   —
90 — Six   —   —
91 — Six   —   —
92 — Six   —   —
93 — Sept   —   —
84 — Trois —   —
95 — Cinq   —   —
96 — Cinq   —   —
97 — Dix   —   —
98 — Sept   —   —
99 — Neuf   —   —
100 — Dix   —   —
101 — Vingt-cinq études diverses.
102 — Dix-huit   —   —
 Ces lots seront divisés.
103 — Cinquante et un panneaux préparés de diverses mesures.
104 — Quinze toiles préparés de diverses mesures.
 Sous ce numéro seront vendus les articles non catalogués.

DÉSIGNATION

DES

TABLEAUX ANCIENS.

BAPTISTE MONNOYER.

105 — Bouquets de fleurs dans des vases.
Deux tableaux faisant pendant.
106 — Riches compositions, fleurs et architecture.
Deux tableaux faisant pendant.
107 — Vase de fleurs posé sur un balcon, à moitié couvert d'une tapisserie.
108 — Corbeille de fleurs.
109 — Quatre autres, compositions très-riches.

BOILLY.

110 — Le tondeur de chiens.
111 — La bonne mère.
112 — Portrait de M. Dubois (docteur), grisaille.
113 — Trois portraits, Vandael, Ommeganck, Oberkampf. (Grisailles.)

114 — La porte Saint-Denis et la porte Saint-Martin. Deux pendants.

BOUCHER (Style de).

115 — Deux fragments de dessus de porte.
116 — Enfants, grisaille.

BERGHEM (D'après).

117 — Le retour au village.

CHARPANTIER.

118 — Scène de famille.

CORTONE (Pierre de).

119 — Sainte Famille.

DROLING (Père).

120 — La maîtresse d'école.
    Ce tableau est considéré comme l'un des plus importants de ce maître.
121 — Le repos.

DEMAY et BUDELOT.

122 — Paysage avec figures.

GÉRARD (Mlle).

123 — L'Amour et Psché.

124 — Intérieur de famille.

GREUZE.

125 — Portrait d'homme.

GREUZE (Pastiche de).

126 — Trois têtes de femmes.

GRIMMER (A.)

127 — Fête flamande.

GRIMOUX.

128 — Tête de femme.

GONZALÈS COCQUES.

129 — Portrait de femme.

GUIDE (D'après le).

130 — Le Dessin et la Peinture.
131 — Saint Sébastien.

KAYSER.

132 — Portrait de femme.

HUET.

133 — Cinq panneaux de tenture. Animaux et décors peints sur soie, provenant du boudoir d'une princesse de Condé.

LAFOSSE.

134 — Evocation.

LESUEUR (Genre de).

135 — Tête de Christ.

LÉPICIÉ.

136 — L'enfance de Sully.

MIGNARD (attribué à).

137 — Les princes de Lorraine.

MICHEL ANGE DES BATAILLES.

13 — Raisins.

MICHEL.

139 — Paysage.

PRUDHON (Attribué à).

140 — Sacrifice à l'hymen.
141 — La Justice.

RIOULT.

142 — Chèvre allaitant un enfant.

RIMBRANDT (d'après).

143 — Descente de Croix.
144 — Jésus devant Pilate.

SALVATOR ROSA (attribué à)

145 — Paysage.

SCHIDONE.

146 — Madeleine.

SWEBACK.

147 — Course de chevaux.

ECOLE FRANÇAISE.

148 — Portrait de femme.
149 —   dito   d'homme.

ECOLE FLAMANDE.

150 — Paysage maritime.

DEUXIÈME VACATION.

DÉSIGNATION

DES DESSINS.

ANDRÉ (Jules.)

151 — Bords de la Seine. Dessin.
152 — Environs de l'île Adam. Dessin.
153 — Paysage.   dito.

ANTONIN MOINE.

154 — Souvenir d'Orient. Pastel.

BOILLY.

155 — La Jeune mère. Lavis.

BARBIER (Mlle)

156 — Paysage, effet d'automne. Pastel.
157 — Paysage.   dito

CICERI.

158 — Trois dessins. Paysages. Études d'après nature.

COLLIGNON.

159 — Tête de chat. Dessin.

DECAMPS.

160 — Étude de chariot. Dessin.
Fragment de la bataille des Cimbres.

161 — Anges tenant un voile étendu. Dessin
Fragment de la Fuite en Egypte.

162 — Étude de turc. Dessin.
163 — Tête de chien.   dito.
164 — Paysage. Pochade. Dessin.
165 — Entrée de carrière. Sepia.

DEVERIA.

166 — La Jeune Mère. Sépia.

DELACROIX (Aug.)

167 — Christ. Dessin.

GARNERAY (Hyp.)

168 — Port de Normandie. Aquarelle.

HÉROULT.

169 — Jeune fille des environs de Bordeaux.
160 — Vue prise à l'île Saint-Ouen. Aquarelle.
171 — Plage et Pécheurs.   dito.

JACQUE.

172 — L'Abreuvoir. Dessin.
173 — Ecuries. dito.
174 — Paysage. dito.

JOLY (A.)

175 — Quatre paysages. Vues diverses. Pastels.

FLERS.

176 — Paysage, effet d'orage. Des.in.
177 — Dito effet du soir. dito.

LAZERGES.

178 — Étude de femme. Dessin.

LESSORE.

179 — Mendiant. Aquarelle.

MARILHAT.

170 — Bords du Nil. Dessin.
181 — Six croquis, costumes divers. Dessins.

RAFFET.

182 — Je fais crédit aujourd'hui. (Béranger). Aquarelle.

SEVRIN.

183 — La grand'mère. Aquarelle.

TASSAERT.

184 — La Famille malheureuse. Dessin.

OWEN.

185 — Vue de Douvres. Aquarelle.

VERNET (Carle).

185 — Tête de cheval. Dessin.

KELLIN.

186 — Donjon de Vincennes. Aquarelle.
187 — Deux paysages, environs de Paris. Aquarelles.

---

188 — Dessins et aquarelles modernes, par divers maîtres.

---

189 — Une série de paysages dessinés à la plume par Laroche.

---

190 — Dessins et études d'après nature, par M. Claude.

191 — Dessins anciens des diverses écoles.
192 — Gravures anciennes et eaux fortes
193 — Gravures modernes, lithographies.
194 — Divers ouvrages d'art.
195 — Chevalet, ustensiles d'atelier, etc.

Paris. — Imp. MAULDE et RENOU, rue de Rivoli prolongée, au coin de celle de l'Arbre-Sec.

www.ingramcontent.com/pod-product-compliance
Lightning Source LLC
Chambersburg PA
CBHW051533240526
45471CB00019B/1392